Leserabe

1. Lesestufe

Henriette Wich • Katja Reider • Heinz Janisch

Spannende Rittergeschichten

Mit Bildern von
Michael Bayer und Birgit Antoni

Ravensburger

Bibliografische Information der Deutschen Nationalbibliothek:

Die Deutsche Nationalbibliothek verzeichnet diese Publikation
in der Deutschen Nationalbibliografie.
Detaillierte bibliografische Daten sind im Internet
über http://dnb.d-nb.de abrufbar.

1 3 5 4 2

Ravensburger Leserabe
Diese Ausgabe enthält die Bände
„Radau in der Ritterschule" von Henriette Wich
mit Illustrationen von Michael Bayer, „Der mutigste Ritter der Welt" von Katja Reider
mit Illustrationen von Birgit Antoni, „Rittergeschichten" von Heinz Janisch
mit Illustrationen von Birgit Antoni.
© 2016, 2011, 2007 Ravensburger Verlag GmbH

© 2022 Ravensburger Verlag GmbH
Postfach 2460, 88194 Ravensburg
für die vorliegende Ausgabe
Umschlagbild: Matthias Derenbach
Konzept Leserätsel: Dr. Birgitta Reddig-Korn
Printed in Germany
ISBN 978-3-473-46229-2

ravensburger.com
www.leserabe.de

Inhalt

Radau in der Ritterschule   7

Willkommen auf der Burg   8

Überraschung im Schrank   18

Kilians Geheimnis   24

Zwei mutige Ritter   30

Der mutigste Ritter der Welt   45

Milchbart und seine Brüder   46

Die Entführung   55

Vor der Höhle des Drachen   66

Die große Überraschung   74

Rittergeschichten 83

Das erste Rätsel 84

Das zweite Rätsel 96

Das dritte Rätsel 108

Henriette Wich

Radau in der Ritterschule

Mit Bildern von Michael Bayer

Willkommen auf der Burg!

Als der Hahn kräht,
ist Kilian längst wach.
Heute ist
sein erster Schultag.

Papa schenkt Kilian
Schwert und Schild.
„Viel Spaß bei Onkel Eckart
in der Ritterschule!"

Mama weint ein bisschen.
„Pass gut auf dich auf!"
Sie gibt Kilian den Helm.

Kilian steckt die Nase hinein.
Hmm! Da sind leckere Äpfel,
Rosinen und Mandeln drin.
Kilian nascht eine Rosine.

Dann steigt er in die Kutsche.
Es geht los.
Zehn Stunden dauert die Reise.

Plötzlich vermisst Kilian
Mama und Papa.
Erst an Weihnachten
wird er sie wiedersehen.
Die Kutsche fährt
einen steilen Berg hoch.

Ganz oben ist eine große Burg.
Im Burghof toben die Söhne
und Neffen von Onkel Eckart.
„Willkommen, Kilian!",
sagt Onkel Eckart.

„Das sind deine Mitschüler:
Jost, Wenzel, Lorenz,
Karl, Martin und Ludwig."
Onkel Eckart entdeckt
einen kleinen Knappen.
„Nanu! Und wer bist du?"
„Johannes", sagt der Knappe.

Onkel Eckart seufzt.
„Johanna! Du weißt doch:
Mädchen dürfen nicht
in die Ritterschule."

Johanna nimmt die Kappe ab.
„Das ist gemein!"
Kilian muss grinsen.
Johanna ist ganz schön schlau.

Onkel Eckart zeigt die Burg.
Sie ist hundert Jahre alt und
hat tolle Ecken zum Verstecken.
Kilian beugt sich
über die Zugbrücke.
Im Burggraben liegt
ein großer, grüner Drache.

Kilian erschrickt.
Doch dann spuckt der Drache
rosa Zuckerwatte.
Onkel Eckart lächelt.

„Das Biest ist ganz harmlos.
Aber es hat schon mal
meinen größten Feind verjagt:
den roten Ritter."

Kilian winkt dem Biest zu.
Und das Biest winkt
mit der Pfote zurück!

Überraschung im Schrank

Am nächsten Morgen
beginnt der Unterricht.
Kilian setzt sich neben Jost.
Der ist nett und schenkt Kilian
einen kleinen Ritter aus Holz.

Kilian schenkt Jost dafür
einen Apfel.
In der ersten Stunde dürfen
die Knappen kämpfen.

Kilian lässt sein neues Schwert
durch die Luft sausen.
Er gewinnt gleich zweimal:
gegen Wenzel
und Lorenz.

„Gut gemacht, Kilian!",
lobt Onkel Eckart.
Danach üben sie Jagen im Wald.
Kilian zielt mit dem Bogen
auf einen Hasen aus Pappe.
„Getroffen!", jubelt er.

In der letzten Schulstunde
sollen die Knappen singen.
Kilian macht nur
den Mund auf und zu.
Ist das langweilig!

Plötzlich hört er
eine schöne, helle Stimme.
Sie kommt aus dem Schrank.
Onkel Eckart rollt die Augen.
„Johanna, raus aus dem Schrank!"

Kilian muss wieder grinsen.
Johanna ist echt schlau.
Kilian flüstert ihr ins Ohr:
„Soll ich dir
beim nächsten Mal helfen?"
Johanna nickt.
„Au ja!"

Kilians Geheimnis

Am Abend lädt Onkel Eckart
alle zu einem Fest ein.
Die Knappen dürfen sich
als Tiere verkleiden.

Kilian geht als Biest.
Das Kostüm ist so groß,
dass auch Johanna reinpasst.

Im Rittersaal duftet es
nach Wildschwein,
Forelle und Fladenbrot.

Kilian gibt Johanna
von allem was ab.
Keiner merkt etwas.
Kein Wunder.
Alle bellen, miauen
und wiehern ganz laut.

Onkel Eckart trommelt
auf den Tisch.
„Ruhe bitte! Jetzt sind wir
wieder edle Ritter.
Die kämpfen nicht nur.
Sie denken sich Gedichte aus
und tragen sie bei Festen vor."

Kilian gähnt.
„Fang gleich mal an",
sagt Onkel Eckart zu ihm.
Kilian fällt nichts ein.
„Äh … ich", stottert er.

Johanna hilft ihm.
Sie verstellt ihre Stimme
und trägt ein Gedicht über
einen traurigen Ritter vor.

OOH
WEEH,
...

„Sehr gut, Kilian."
Onkel Eckart nickt zufrieden.
Er hat nichts gemerkt.
Kilian freut sich.

Zwei mutige Ritter

Nach dem Essen
sagt Onkel Eckart:
„Jetzt zieht alleine los.
Traut euch!
Lauft durch die Gänge
der Burg. Viel Spaß!"

Kilian geht in den Keller.
Endlich können er und Johanna
aus dem Kostüm raus.
„War das heiß!",
stöhnen sie gleichzeitig.
Kilian lacht.

„Danke für deine Hilfe."
Kilian und Johanna laufen los.
Unter der Burg gibt es
so viele Gänge!
Sie sind dunkel und kalt.

Mäuse huschen hin und her.
Kilian geht mutig voraus.
Plötzlich wird es heller.
Ein Gang endet im Burggraben.

Das Biest hat sich dort
zusammengerollt und schnarcht.
Rosa Wölkchen kommen
aus seinen Nasenlöchern.
Sie steigen hinauf
zum Sternenhimmel.

Da hört Kilian
ein Pferd wiehern.
Ein Ritter galoppiert
auf die Burg zu.

An seinem Helm leuchtet
die Feder eines Feuervogels.
„Das ist der rote Ritter",
murmelt Kilian erschrocken.
„Und die Zugbrücke ist offen.
Er darf nicht rein!"

Johanna fängt an zu singen.
„Halt an, edler Ritter!
Der Schatz ist ganz nah.
Steig hinab in den Graben,
dort kannst du ihn haben."

„Brr!", macht der rote Ritter.
Er steigt ab
und klettert in den Graben.

Kilian klopft dem Drachen
auf den Rücken.
„Wach auf!", flüstert er.

Das Biest springt hoch und
brüllt ganz schrecklich.
„Hilfe!", schreit der rote Ritter
und haut ab.

Der Lärm hat Onkel Eckart
und die Knappen angelockt.
Sie sehen gerade noch,
wie der rote Ritter
davongaloppiert.

Kilian und Johanna erzählen,
was passiert ist.
Die Knappen staunen Bauklötze.
Onkel Eckart sagt:
„Ich bin stolz auf euch drei!
Das müssen wir feiern.
Wer mag Schmalzkuchen?"

„Ich!", rufen alle.
Kilian verschränkt
die Arme vor der Brust.
„Aber nur,
wenn Johanna auch
in die Ritterschule darf."

Onkel Eckart kratzt sich
am Bart.
„Einverstanden", grummelt er.
Johanna springt
vor Freude in die Luft.
Kilian zwinkert ihr zu.
„Wer zuerst im Rittersaal ist,
bekommt den ersten Kuchen!"

Katja Reider

Der mutigste Ritter der Welt

Mit Bildern von Birgit Antoni

Milchbart und seine Brüder

Das sind Ritter Schlaubart
und seine Frau.
Sie haben vier Söhne.

Der erste kam im Winter zur Welt
und wurde Eisbart genannt.
Der zweite heißt Rotbart.
Der dritte Goldbart.

Und der vierte?
Milchbart!
Die Eltern fanden den Namen süß.
Milchbart nicht.

Kein Wunder!
Wer will schon Milchbart heißen?
Ein Ritter ganz bestimmt nicht!

Milchbart lernt reiten und fechten.
Er ist flink wie ein Wiesel.
Und geschickt mit der Lanze.
Genau wie seine Brüder!

Trotzdem ist es immer dasselbe:

Zum Turnier meldet sich Eisbart.

Auf die Jagd geht Rotbart.

In den Kampf zieht Goldbart.

Was bleibt da für Milchbart?

Wie kann er nur beweisen,
dass er ein tapferer Ritter ist?

„Ich will auch
eine Schlacht schlagen!",
drängt Milchbart seinen Vater.
„Oder eine Burg stürmen!"

Ritter Schlaubart grübelt.

„Ich hab's!", ruft er dann.

„Wir machen eine Kuchenschlacht!

Und ich lasse eine Sandburg bauen.

Die kannst du stürmen!

Einverstanden?"

Milchbart seufzt.
Es ist zum Haareraufen!

Er muss wohl ewig
der kleine Milchbart bleiben ...

Die Entführung

Doch eines Tages
kommt ein Bote angaloppiert.
Er ist völlig außer Atem.
„Zu Hilfe!", schreit er.
„Die Prinzessin wurde entführt!"

Um Himmels willen!
Sofort springen Eisbart,
Rotbart und Goldbart
in ihre Rüstungen.

Dann lassen sie sich
von ihren Knappen
auf ihre Pferde hieven.

Milchbart nimmt nur Schwert, Schild
und einen Beutel Proviant.
Dann reitet er davon.
Es ist keine Zeit zu verlieren!

Vor dem Schloss drängen sich schon
Dutzende von jungen Rittern.
Sie alle sind herbeigeeilt,
um die schöne Prinzessin zu retten.

Gerade spricht der König zu ihnen:
„Ihr habt die Kunde gehört:
Ein schrecklicher Drache
hat meine arme Tochter
in seine Höhle verschleppt."

„Keine Sorge, mein König!
Ich werde die schöne Ava retten!",
ruft ein dicker Ritter ganz vorn.

„Nein, ich!"
„Ich!"
„ICH!"
„Ich!",
tönt es jetzt von allen Seiten.

Schon blitzen die ersten Schwerter.
Lanzen werden gekreuzt.
Rüstungen scheppern.

So werdet ihr
die Prinzessin kaum befreien,
denkt Milchbart.

Er wendet sich an die Menge.
„Weiß denn jemand,
wo die Höhle des Drachen ist?"
Gute Frage.
Jetzt spitzen auch
die anderen Ritter die Ohren.

Ein Knappe meldet sich zu Wort.
„Die Höhle liegt
am Fuße des Feuerbergs",
erklärt er mit heller Stimme.
„Man erkennt die Stelle
an den Knochen,
die davorliegen …"

„K-k-knochen?",
stottert der dicke Ritter.
Auch die anderen erblassen.
Selbst Milchbarts Brüder
wechseln bange Blicke.

Nur Milchbart bleibt ruhig.
„Zeigst du uns den Weg?",
fragt er den Knappen.
Dieser nickt. „Folgt mir!"

Aber nicht alle Ritter wollen mit.

Vor der Höhle des Drachen

Als der Morgen graut,
erreichen die Ritter ihr Ziel:
den Feuerberg.
Der Eingang der Höhle
liegt direkt vor ihnen.

Der Drache ist nicht zu sehen.
Aber zu hören:
Sein grässliches Schnauben
erfüllt die Luft.
Und die Erde scheint
unter seinen Schritten zu beben!

„W-w-was machen wir jetzt?",
fragt der dicke Ritter.
„Wir könnten ein Feuer entzünden
und ihn ausräuchern",
schlägt Ritter Rotbart vor.

Milchbart schüttelt den Kopf.
„Nein, nein,
das gefährdet die Prinzessin!
Ich habe eine bessere Idee:
Wir locken den Drachen
mit einem Leckerbissen heraus.
Dann befreien wir Ava!"

„L-l-leckerbissen?",
stottert der dicke Ritter.
„S-s-soll etwa einer von uns …?"

„Nein, wir locken ihn hiermit an!",
sagt Milchbart.
Er zieht ein Brathuhn
aus seinem Beutel.
Alle atmen auf.

Auf einem Felsen
machen sie rasch ein Feuer
und grillen das Huhn.
Dann gehen die Männer in Deckung.
Köstlicher Bratenduft steigt auf.

Die Ritter beobachten gespannt
den Eingang der Höhle.
Wird ihr Plan gelingen?
Auch Milchbart
klopft das Herz bis zum Hals.

Da! – Das Schnauben wird lauter!
Der Drache kommt tatsächlich
aus der Höhle gestampft.
Gierig nähert er sich dem Braten.
Jetzt muss es schnell gehen!

„Los!" Milchbart springt auf.
„Wer kommt mit?"
Keiner der Ritter meldet sich.
Alle blicken betreten zu Boden.
Nur der Knappe
bleibt an Milchbarts Seite.

Die große Überraschung

Milchbart zückt sein Schwert
und stürmt in die Höhle.
„Ava!", ruft er. „Wo bist du, Ava?"
Keine Antwort.
Oje, ist die Prinzessin
etwa schon …?
Hoffentlich nicht!

„Zu Hilfe!", tönt es da hinter ihm.
Der Knappe!
Er ist gestürzt!
Und Milchbart hört
den Drachen zurückkommen!
Oh nein!

Milchbart zögert keine Sekunde.
Er kehrt um
und hilft dem Knappen hoch.
Im letzten Moment
zieht er ihn hinter einen Felsen.

„Danke, Milchbart",
flüstert der Knappe.
Wie hell seine Stimme ist …
Da fällt die große Kapuze herab.
Milchbart traut seinen Augen nicht:
Der Knappe ist ein MÄDCHEN!

„Verzeih, dass ich
dich getäuscht habe!",
bittet das Mädchen.
„Ich bin Prinzessin Ava.
Und mein Drache ist ganz zahm.
Stimmt's, Taro?"
Der Drache nickt eifrig.

„Aber warum hast du uns alle
an der Nase herumgeführt?",
fragt Milchbart erzürnt.

Die schöne Prinzessin errötet.
„Ich wollte
einen wahren Ritter finden!
Einen wie dich, Milchbart!"

Sie blickt ihn bewundernd an.
„Du hast dein Leben riskiert.
Für eine Prinzessin,
aber auch
für einen ungeschickten Knappen!"

Milchbart versteht.
Froh zieht er Ava in seine Arme.
Jetzt ist er nicht nur
der mutigste Ritter der Welt,
sondern auch der glücklichste!

Heinz Janisch

Rittergeschichten

Mit Bildern von Birgit Antoni

Das erste Rätsel

„Ich habe
einen Schatz versteckt",
sagte Fürst Bertram.

„Er liegt nicht unten auf dem Feld
und nicht oben auf dem Felsen.
Ihr findet ihn auf dem Weg
zur Roten Burg."

Die sieben Ritter im Saal nickten.
Fürst Bertram war bekannt
für seine Rätsel.
Deshalb wurde seine Burg
auch die Rätselburg genannt.

„Wer den Schatz findet,
darf ihn behalten",
sagte Fürst Bertram.

Kurz darauf saßen sechs Ritter
in glänzenden Rüstungen
auf ihren Pferden.
„Möge der Beste gewinnen!",
rief einer der Ritter,
dann galoppierten sie davon.

Fürst Bertram
stand auf der Burgmauer
und sah ihnen nach.
„Wo ist der siebte Ritter?",
fragte er.

„Er schnürt noch seine Stiefel,
denn er will zu Fuß gehen",
antwortete ein Diener.

„Ein Ritter, der nicht reitet?",
fragte der Fürst erstaunt.
„Was soll das für ein Ritter sein?"

„Gestatten, Alfred von Rabenstein!"
Der siebte Ritter war soeben
vor dem Burgtor erschienen
und machte eine Verbeugung.

Er war groß und dünn.
In der einen Hand hielt er eine Lanze
und in der anderen Hand einen Schild,
auf dem ein weißer Rabe
zu sehen war.

„Was seid Ihr für ein Ritter?",
rief Fürst Bertram.
„So ganz ohne Pferd und ohne Rüstung!"

„Was ich für ein Ritter bin?",
fragte Alfred von Rabenstein.
„Hoffentlich einer, der nachdenkt.
Ihr liebt es, Rätsel zu stellen,
dafür seid Ihr im ganzen Land bekannt.
Sicherlich liebt Ihr es auch,
bei der Lösung der Rätsel zuzusehen.
Daher glaube ich, dass der Schatz
nicht weit von hier versteckt ist.

Seht Ihr von da oben
nicht genau zu jenem Baum hinüber,
der so ganz allein auf der Wiese steht?
Wie war das Rätsel?
Nicht unten, nicht oben …
Könnte der Schatz nicht
auf jenem Baum
versteckt sein?"
Der Fürst wurde blass.

Alfred von Rabenstein
lächelte.
„Gebt mir drei Minuten",
rief er.
Er spazierte
geradewegs
auf den Baum zu,
legte Schild
und Lanze ab
und kletterte nach oben.

Als er im Wipfel angelangt war,
hob er eine kleine Truhe hoch,
die dort versteckt worden war.

Fürst Bertram erwartete ihn bereits
vor dem Burgtor.
„Ihr überrascht mich", sagte der Fürst.

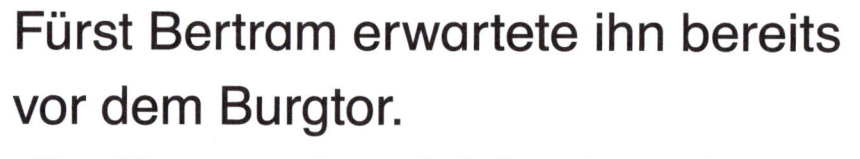

„Ihr denkt nach,
bevor Ihr Schritte setzt.
Der Schatz gehört Euch.
Kann ich Euch sonst noch
einen Wunsch erfüllen?"

„Das könnt Ihr",
sagte Alfred von Rabenstein.
„Behaltet den Schatz
und stellt uns noch ein Rätsel.
So haben wir
alle etwas davon."

Das zweite Rätsel

„Auf zur zweiten Runde",
sagte Fürst Bertram
am nächsten Morgen.

Die sechs Ritter waren am Abend
von der Roten Burg zurückgekommen
und hatten gehört,
was geschehen war.
„Heute wollen wir es besser machen",
rief einer von ihnen.

„Das heutige Rätsel
könnt Ihr hier lösen,
im Sitzen!",
sagte Fürst Bertram.

„Es gibt einen Gegenstand
in meiner Burg,
der Wunder vollbringen kann.

Er bewegt sich nicht vom Fleck,
und doch kann man mit seiner Hilfe
die ganze Burg dreimal umfassen!
In einem Schwung, an einem Tag!"
Die sieben Ritter dachten nach.

„Ihr könnt euch gern
in der Burg umsehen.
In einer Stunde
treffen wir uns wieder."
Die Ritter verließen
eilig den Saal.

Nur Alfred von Rabenstein
blieb noch eine Weile sitzen.
„Ach, seid doch so gut
und weckt mich in einer Stunde!",
sagte er zu einer der Wachen.

Er legte sich auf eine Bank
und schon bald war er eingeschlafen.

Die anderen stiegen in den Turm hinauf
und liefen in den Keller hinunter.
Sie schepperten mit Geschirr
und rannten dreimal um die Burgmauer.
Endlich war die Stunde vergangen.

Alle waren wieder
im Rittersaal versammelt.
Die Wache hatte inzwischen
Alfred von Rabenstein geweckt.

„Ich habe ein Seil gefunden",
sagte einer der Ritter.
Er legte es auf den Tisch.
„Das reicht höchstens bis zur Tür",
sagte Fürst Bertram.

„Ich könnte einen Pfeil abschießen",
sagte einer der Ritter leise.
„Der dreimal um die Burg fliegt?"
Fürst Bertram schüttelte den Kopf.

„Die Lösung ist einfach",
sagte Alfred von Rabenstein.

„Ihr habt ein altes Spinnrad
in einem Zimmer stehen.
Es bewegt sich nicht vom Fleck,
aber es dreht und dreht sich.

Wer darauf einen Faden spinnt,
der kann ihn so lang spinnen,
dass man mit ihm dreimal
die ganze Burg umfassen kann.
An einem Tag, in einem Schwung."

106

Der Fürst nickte zufrieden.
„Ihr habt Euch den Schatz verdient!"

„Lasst uns erst
eine dritte Aufgabe lösen!",
sagte Alfred von Rabenstein.
„Wer das dritte Rätsel lösen kann,
der soll den Schatz bekommen."

Das dritte Rätsel

Die sieben Ritter
schoben ihre Becher zur Seite.
Sie hatten gut gegessen
und getrunken,
nun warteten sie
voller Neugier
auf das neue Rätsel
des Fürsten.

„Fangt nur an!",
brummte der größte der sieben Ritter
und zog sein Schwert.
„Was müssen wir tun?"
„Kämpfen, ohne zu kämpfen!",
sagte der Fürst.

„Ich will von euch wissen:
Wer ist der stärkste Gegner von allen?
Wer ist nicht zu bezwingen,
von keinem von uns?"

„Andere Ritter
können noch so stark sein!",
rief einer der Ritter.
„Ob Schwert oder Streitaxt –
man kann sie besiegen!"

„Auch Drachen
kann man bezwingen!",
sagte ein anderer.
„Gegen den Hunger
kann ich auch siegen!",
rief der dickste der Ritter.
Alle lachten.

Bald wurde es still im Saal.
Die sieben Ritter dachten nach.
Stunden vergingen.

Ein Ritter gähnte.
Allen wurden
die Augen schwer.

Plötzlich schreckte
Alfred von Rabenstein hoch.
„Ich weiß die Antwort", sagte er.
Alle sahen ihn neugierig an.

„Der stärkste Gegner,
der uns jeden Tag aufs Neue besiegt –
das ist die Müdigkeit!
Wir haben es selbst erlebt.
Sie ist stärker als jeder König."

Fürst Bertram
klatschte in die Hände.
„Drei Rätsel – drei gute Antworten.
Der Schatz gehört Euch."

Er drückte Alfred von Rabenstein
die Schatztruhe in die Hände.

Am nächsten Morgen
verließen sechs Ritter
schon früh die Burg.

Nur einer, der siebte,
hatte keine Eile.
Es war Alfred von Rabenstein.

Er führte sein Pferd vor die Burg.

Dann stieg er langsam in den Sattel.

„Such dir eine Richtung aus,

die dir gefällt",

sagte er zu seinem Pferd.

„Und lass dir Zeit!"
Das Pferd stand eine Weile still.
Dann setzte es sich
gemütlich in Bewegung.

Leserätsel

Rätsel 1 **Seltsam, seltsam**

Welches Wort stimmt? Kreuze an!

Kilian nascht
- ○ Rosen.
- ○ Rosenkohl.
- ○ Rosinen.

Johanna versteckt sich im
- ○ Schrank.
- ○ Schuppen.
- ○ Schiff.

Der rote Ritter ist der größte
- ○ Freund.
- ○ Feind.
- ○ Fehler.

Rätsel 2 **Buchstaben heraushören**

In welchen Wörtern hörst du den Buchstaben R? Kreuze an!

 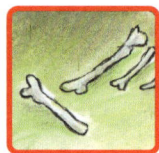   

Ordne die Bilder den Sätzen zu!

A) Alfred von Rabenstein hebt die Schatztruhe hoch.

B) Im Schloss steht ein altes Spinnrad.

C) Die Ritter werden müde und schließen die Augen.

1　　　　**2**　　　　**3**

Rätsel für die Rabenpost

Fülle die Lücken aus. Trage die Buchstaben in die richtigen Kästchen ein. So findest du das Lösungswort für die Rabenpost heraus!

Der Drache im Burggraben ist ganz

H		M		O	
	1				

. (Seite 17)

Kilian und Johanna verjagen den

	O			
	4			

Ritter. (Seite 39)

Kein Ritter möchte

	L	C		A	T
2				6	

heißen. (Seite 49)

Fürst Betram war bekannt für seine

	Ä			L
	3	5		

(Seite 85)

Lösungswort

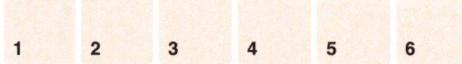

1	2	3	4	5	6

Hast du das Lösungswort herausgefunden?
Dann kannst du jetzt tolle Preise gewinnen.

Gib das Lösungswort auf der -Website
ein oder schick es mit der
Post an folgende Adresse:

An den Leseraben
Rabenpost
Postfach 2007
88190 Ravensburg
Deutschland

Lösungswort

An
den LESERABEN
RABENPOST
Postfach 2007
88190 Ravensburg
Deutschland

Bitte frage
deine Eltern!*

Leichter lesen lernen mit der Silbenmethode

ISBN 978-3-473-**38573**-7*
ISBN 978-3-619-**14440**-2**

ISBN 978-3-473-**38563**-8*
ISBN 978-3-619-**14473**-0**

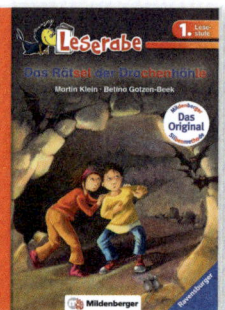

ISBN 978-3-473-**38576**-8*
ISBN 978-3-619-**14442**-6**

ISBN 978-3-473-**38552**-2*
ISBN 978-3-619-**14443**-3**

ISBN 978-3-473-**38544**-7*
ISBN 978-3-619-**14355**-9**

ISBN 978-3-473-**38095**-4*
ISBN 978-3-619-**14448**-8**

ISBN 978-3-473-**38553**-9*
ISBN 978-3-619-**14447**-1**

ISBN 978-3-473-**38572**-0*
ISBN 978-3-619-**14445**-7**

ISBN 978-3-473-**38570**-6*
ISBN 978-3-619-**14483**-9**

ISBN 978-3-473-**38565**-2*
ISBN 978-3-619-**14480**-8**

** **Gebundene Ausgabe** bei Mildenberger · * **Broschierte Ausgabe** bei Ravensburger

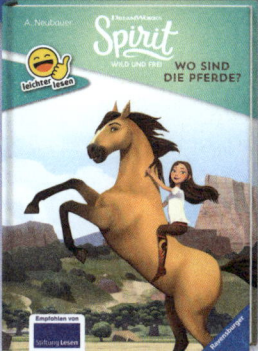
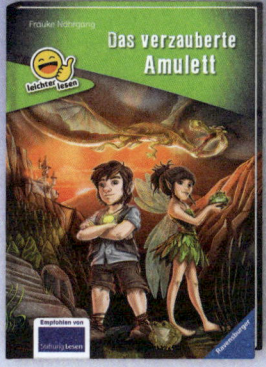
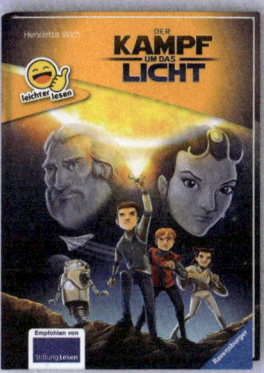
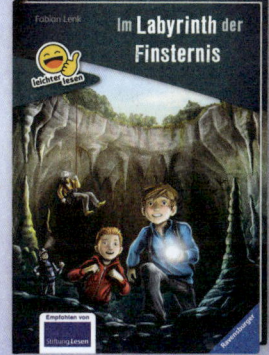

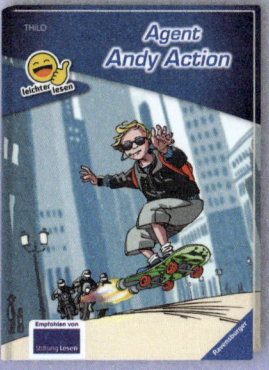

Lesen lernen wie im Flug!

In drei Stufen vom Lesestarter zum Leseprofi

Vor-Lesestufe
Ab Vorschule

ISBN 978-3-473-46022-9

ISBN 978-3-473-46023-6

ISBN 978-3-473-46024-3

1. Lesestufe
Ab 1. Klasse

ISBN 978-3-473-46025-0

ISBN 978-3-473-46026-7

ISBN 978-3-473-46027-4

2. Lesestufe
Ab 2. Klasse

ISBN 978-3-473-46028-1

ISBN 978-3-473-46029-8

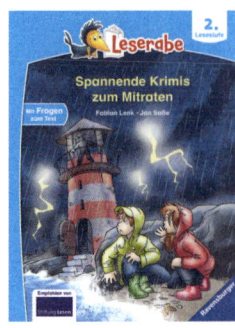

ISBN 978-3-473-46066-3

ERZ 21 002